Deutsch

Anne Schieckel

Mord in der Popakademie –
Lina Lindberg ermittelt wieder

SPANNENDER LERNKRIMI
LEKTÜRE MIT AUDIOS ONLINE

Hueber Verlag

Umschlagfoto: © Getty Images/E+/hobo_018
Zeichnungen: Mascha Greune, München

Einen kostenlosen MP3-Download zu diesem Titel finden Sie unter
www.hueber.de/audioservice.
© 2020 Hueber Verlag GmbH & Co. KG, München, Deutschland
Alle Rechte vorbehalten.
Sprecher: Claus-Peter Damitz
Hörproduktion: Scheune München Mediaproduction GmbH, München, Deutschland

Der Verlag weist ausdrücklich darauf hin, dass im Text enthaltene
externe Links vom Verlag nur bis zum Zeitpunkt der Buchveröffentlichung
eingesehen werden konnten. Auf spätere Veränderungen hat der Verlag
keinerlei Einfluss. Eine Haftung des Verlags ist daher ausgeschlossen.

Das Werk und seine Teile sind urheberrechtlich geschützt.
Jede Verwertung in anderen als den gesetzlich zugelassenen
Fällen bedarf deshalb der vorherigen schriftlichen Einwilligung
des Verlags.

Eingetragene Warenzeichen oder Marken sind Eigentum des
jeweiligen Zeichen- bzw. Markeninhabers, auch dann, wenn diese
nicht gekennzeichnet sind. Es ist jedoch zu beachten, dass weder
das Vorhandensein noch das Fehlen derartiger Kennzeichnungen
die Rechtslage hinsichtlich dieser gewerblichen Schutzrechte berührt.

3.	2.	1.		Die letzten Ziffern
2024	23	22	21 20	bezeichnen Zahl und Jahr des Druckes.

Alle Drucke dieser Auflage können, da unverändert,
nebeneinander benutzt werden.
1. Auflage
© 2020 Hueber Verlag GmbH & Co. KG, München, Deutschland
Umschlaggestaltung: Sieveking · Agentur für Kommunikation, München
Layout und Satz: Sieveking · Agentur für Kommunikation, München
Verlagsredaktion: Heike Birner, Hueber Verlag, München
Druck und Bindung: Passavia Druckservice GmbH & Co. KG, Passau
Printed in Germany
ISBN 978–3–19–268580–4

Inhalt

Steckbrief: Mannheim – die Quadratestadt		5
Kapitel 1: Unter Strom	▶ 01	6
Kapitel 2: Der Tote in Studio 1	▶ 02	11
Kapitel 3: Im Polizeipräsidium	▶ 03	14
Kapitel 4: Wer war Per Olsson?	▶ 04	17
Kapitel 5: Unter Stress	▶ 05	20
Kapitel 6: Wo ist Nina?	▶ 06	23
Kapitel 7: Herzschmerzen	▶ 07	26
Kapitel 8: Wer ist dieser A.?	▶ 08	29
Kapitel 9: Gefasst	▶ 09	32
Kapitel 10: Alles nur ein Versehen?	▶ 10	35
Übungen zu Kapitel 1	▶ 11	38
Übungen zu Kapitel 2		39
Übungen zu Kapitel 3	▶ 12	40
Übungen zu Kapitel 4	▶ 13	41
Übungen zu Kapitel 5	▶ 14	42
Übungen zu Kapitel 6		43
Übungen zu Kapitel 7	▶ 15	44
Übungen zu Kapitel 8	▶ 16	45
Übungen zu Kapitel 9	▶ 17	46
Übungen zu Kapitel 10		47
Lösungen		48

▶ Das Hörbuch zur Lektüre und die Tracks zu den Übungen stehen als kostenloser MP3-Download bereit unter: www.hueber.de/audioservice.

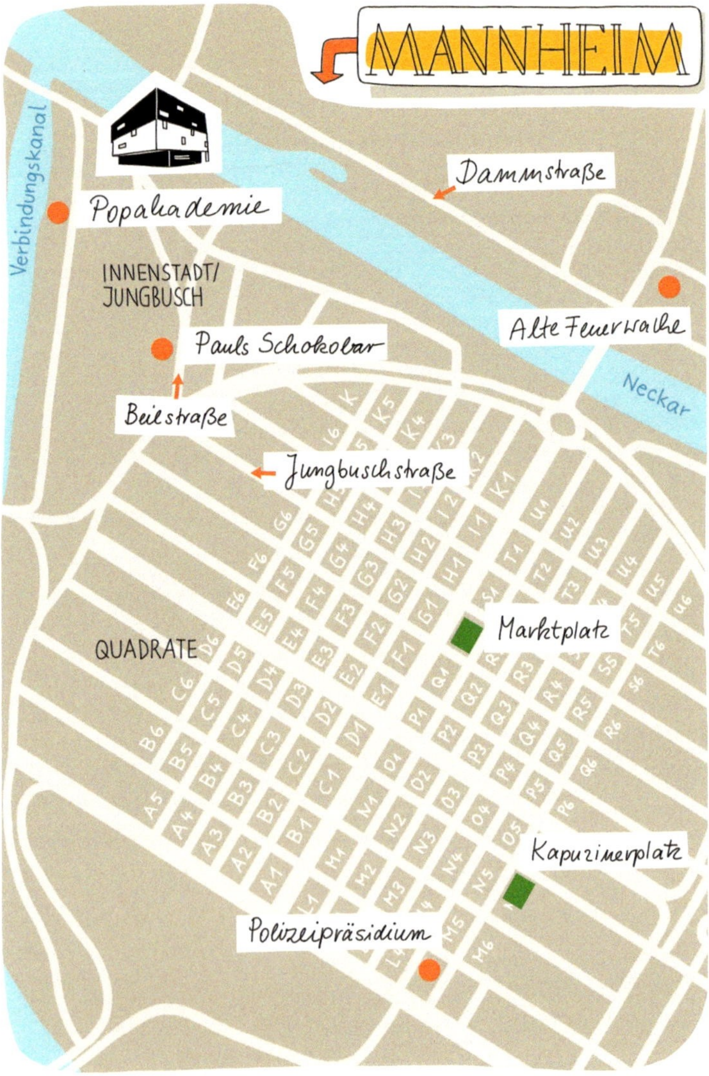
MANNHEIM
Dammstraße
Verbindungskanal
Popakademie
INNENSTADT/
JUNGBUSCH
Alte Feuerwache
Neckar
Pauls Schokobar
Beilstraße
Jungbuschstraße
QUADRATE
Marktplatz
Kapuzinerplatz
Polizeipräsidium

Steckbrief: Mannheim – die Quadratestadt

Bundesland: Baden-Württemberg
Einwohner: etwa 300.000 Menschen
Geschichte: Mannheim ist seit dem Jahr 1607 eine Stadt.
   Seit 2014 ist Mannheim UNESCO City of Music.
Flüsse: der Rhein, der Neckar

Metropolregion Rhein-Neckar: Mannheim ist das wirtschaftliche und kulturelle Zentrum.
Städte in der Region: Ludwigshafen (2,5 km), Heidelberg (19 km)
   Ludwigshafen ist die Schwesterstadt von Mannheim.
   Zwischen den beiden Städten ist nur der Rhein.

Besonderes:
Innenstadt: 148 Quadrate; die Quadrate gibt es nur in Mannheim:
   1–15 Häuser sind ein Quadrat.
   Beispiel: „D 4, 5" ist das fünfte Haus
   im D 4-Quadrat.
Straßennamen: Die Straßennamen sind Buchstaben und Zahlen;
   Beispiel: A 1 – K 1 und L 1 – U 1
die Popakademie: Universität, Hochschule für Musik
   (University of Popular Music and Music Business),
   verteilt auf mehrere Gebäude
die Alte Feuerwache: Kulturzentrum in einem historischen
   Feuerwehrhaus. Dort finden Konzerte und andere
   Veranstaltungen statt.
der Odenwald: Mittelgebirge in der Nähe von Mannheim mit
   vielen Obstwiesen, Wald und kleinen Dörfern

---

die Region: ein Teil in einem Land

die Innenstadt: die Mitte einer Stadt

das Quadrat: Viereck mit vier gleich langen Seiten

▶ 01   Kapitel 1: Unter Strom

Montag, 1. Juli, Mannheim-Jungbusch. Hafenstraße 35.
In der Popakademie Baden-Württemberg ist bald Sommerpause.
In 18 Tagen feiert die bekannte Hochschule für Musik mit den
Summer Break Sessions das Semesterende. Dann öffnet die
Popakademie ihre Türen für alle Musikfans. Eine Woche lang
finden dort täglich Konzerte statt. Mehr als vierzig Bands treten
auf. Der Eintritt ist frei, und immer kommen viele Menschen,
die gern Musik hören.

Doch bis zum 19. Juli gibt es für die Musikstudenten noch viele
Proben. Jeden Tag üben sie stundenlang und bereiten sich auf
ihre erste Live-Prüfung vor. Alle Musiker haben das gleiche
Ziel: Sie wollen beim großen Abschlusskonzert Ende Juli in der
Alten Feuerwache spielen. Nur die sechs besten Bands können
dort auftreten.

„In welchem Studio proben wir heute?", fragt Nina.
Sie ist Sängerin in der Studentenband *Golden Riffs*. Es ist
9:50 Uhr. Gleich fängt der Kurs bei Per Olsson an. Der Gastprofessor aus Schweden mag es nicht, wenn seine Schüler
zu spät kommen. Das weiß jeder der Studenten.

„Studio 1", sagt Max und zeigt auf das Display seines Handys.
„Wollen wir zusammen hingehen?", fragt er und lächelt Nina an.
Dann nimmt er seinen Bass.

Vorsichtig sieht sich Nina um. Fred, ihr Ex-Freund, ist
nirgends zu sehen.
„Okay. Gern", antwortet sie schnell.

| unter Strom (stehen): sehr aufgeregt sein | das Semester: ein halbes Jahr an der Universität | auftreten, der Auftritt: andere Leute sehen/hören einem zu | live, Live-, hier: vor Zuhörern Musik spielen |

6

Die Übungsräume der Musiker sind im Haus gegenüber.
Studio 1 ist gleich rechts neben dem Eingang.

Die Bandmitglieder der *Golden Riffs* sind alle pünktlich. Nur der Professor ist noch nicht da. An der Tür zum Studio hängt eine Nachricht.

> Liebe Studenten,
> Prof. Olsson ist bis ca. 10:20 Uhr in einer Besprechung.
> Bitte richten Sie sich so lange im Probenraum ein.
> Das Sekretariat

Studio 1 ist der beliebteste Probenraum der Hochschule. Das Keyboard und die Verstärker sind ganz neu, das Schlagzeug und die Drums stehen immer an ihrem festen Platz.
Die fünf Studenten packen ihre Noten und Instrumente aus.

Fred ist der E-Gitarrist der Band. Er war früher mit Nina befreundet. Doch das ist lange her.
„Nina, wie gehts dir?", fragt Fred.
„Okay", sagt sie kurz. Sie schaut ihn nicht an und sucht etwas in ihrem Rucksack.

Max stellt sich mit seinem Bass neben Fred.
„Hi, Fred. Alles klar bei dir?", fragt er ihn freundlich.
Doch wie so oft bekommt er keine Antwort. „Naja", sagt Max nach ein paar Sekunden. „Dann lass uns wenigstens gut zusammenspielen."
Er weiß, dass E-Gitarre und Bass perfekt zusammenspielen müssen. Aber das geht nur, wenn man sich gut versteht

---

die Bandmitglieder, das Keyboard, der Verstärker, die Drums,
die Noten: → S. 10

Endlich geht die Tür auf. Es ist 10:19 Uhr.
Mit schnellen Schritten kommt Per Olsson in das Studio. Er hebt kurz die Hand und entschuldigt sich für die Verspätung. Sonst spricht der Gastprofessor aus Schweden recht wenig. Wenn er aber etwas sagt, ist es immer wichtig. Und so ist es auch heute.
„In 18 Tagen ist Examen. Jeder von euch kann in der Live-Prüfung zeigen, was er gelernt hat. Aber vergesst nicht: Ihr seid ein Team. Das heißt: Nur zusammen seid ihr stark!"

Per Olsson macht eine Pause. „Wo ist eure Sängerin?" Dann sieht er Nina. Sie sitzt auf einem Stuhl am Rand des Studios. Ihre Blicke treffen sich. Per Olsson sieht sie freundlich an.
„Nina Bolinski. *Are you ready?* Bist du bereit?"
Alle können sehen, dass der Professor sie mag.

Nina lächelt den Professor an. Sie steht auf und geht auf das Mikrofon zu.
Fred sieht wütend aus, aber keiner bemerkt es. Er spielt ein paar Töne auf seiner E-Gitarre. Es hört sich sehr laut und gar nicht schön an.
Per Olsson hält sich die Ohren zu. Dann geht er zu Fred und greift nach dem Instrument. „Darf ich?"

---

bemerken: etwas sehen

Fred hält die E-Gitarre fest. Dann hat plötzlich der Professor die Gitarre in der Hand. Und stolpert.
Dabei streift er mit der E-Gitarre den Mikrofonständer. Irgendetwas stimmt nicht. Per Olsson macht den Mund auf. Er will etwas sagen. Aber er kann nicht. Sein ganzer Körper fängt an zu zittern.

streifen: etwas leicht anfassen

der Mikrofonständer: → S. 10

zittern: schnelle, kleine Bewegungen machen

im Probenraum

- Musik, die auf Papier geschrieben oder gedruckt ist: die Noten
- Instrument mit Tasten und Strom: das Keyboard
- Gerät mit Strom, um Instrumente stärker zu machen, wie die E-Gitarre oder den Bass: der Verstärker
- verschiedene Schlaginstrumente: die Drums, das Schlagzeug
- ein Laut, den man hören kann: der Ton, z.B. ein paar Töne auf dem Keyboard spielen
- ein Raum, in dem viele Musikinstrumente stehen: das Studio, der Probenraum
- Musiker in einer Gruppe, einer Band: das Bandmitglied
- er/sie kümmert sich um die Technik im Studio: der Tontechniker, die Tontechnikerin
- Musikinstrument mit einem langen Hals und sechs Saiten, auch elektrisch (mit Strom): die Gitarre, die E-Gitarre
- E-Gitarre mit vier Saiten, die tiefe Töne spielt: der Bass, die Bassgitarre
- ein Gerät, das Töne in einen Lautsprecher bringt: das Mikrofon
- eine Stange aus Metall, an der man ein Mikrofon anbringen kann: der Mikrofonständer
- kommt zwischen Kabel und Steckdose, damit Personen sich nicht durch einen Stromschlag verletzen: der Personenschutzstecker

Kapitel 2: Der Tote in Studio 1

Mehr als eine halbe Stunde lang versucht die Notärztin, dem Professor das Leben zu retten. Aber sie kann ihm nicht mehr helfen. Um 11:00 Uhr hört das Herz von Per Olsson auf zu schlagen.

„Todeszeitpunkt: 1. Juli, 11:00 Uhr" notiert die Ärztin in ein Formular. „Ist die Polizei schon unterwegs?", fragt sie ihren Kollegen vom Rettungsdienst. In diesem Moment geht die Tür zum Studio auf.

„Kriminalhauptkommissarin Lindberg", sagt eine sportliche, blonde Frau und hält ihren Ausweis hoch. Mit schnellen Schritten geht sie auf das Rettungsteam zu.

„Und Praktikant Felix", sagt der junge Mann hinter ihr. Felix kennt das schon. Seine Chefin vergisst ihn gern mal, wenn sie zu einem Einsatz gerufen werden. Bei ihrem Kollegen, Kommissar Mattis, macht sie das nicht.
Sein Blick wandert zu den Studenten, die in einer Ecke des Raums stehen. Da sieht er Max. Er kennt ihn noch aus der Schule. Schon damals haben sie oft zusammen Musik gemacht. Die anderen vier Studenten hat er noch nie gesehen. „Hi, Max ...", beginnt Felix.

„Felix? Hallo? Hier spielt die Musik!", ruft Lina Lindberg. Die Kommissarin steht beim Mikrofonständer. Die Studenten schauen sie nervös an.
Musik wird hier sicher länger nicht mehr zu hören sein, denkt sich Felix und geht zu Lina Lindberg.

| der Todeszeitpunkt, der Einsatz: → S. 13 | der Rettungsdienst: er hilft bei einem Unfall | hier spielt die Musik: kann auch heißen: "Achtung, hören Sie mir zu!" |

Dort erklärt die Notärztin gerade: „Der Professor hat einen tödlichen Stromschlag bekommen."

„Wo bleiben die Leute von der Spurensicherung?", fragt die Kommissarin.
„Die SpuSi ist unterwegs", antwortet Felix. „Ich habe die Kollegen gleich angefordert. Kurz bevor wir losgefahren sind."
„Und Kommissar Mattis? Haben Sie ihn erreicht?"
„Nein, aber ich versuche es gleich noch einmal." Felix kann sehen, dass seine Chefin ziemlich sauer ist.

Es ist 11:30 Uhr. Die Spurensicherung beginnt mit der Arbeit. Lina Lindberg verlässt Studio 1 und geht über die Straße in die Hochschule. In einem freien Zimmer will sie mit den Studenten sprechen. Alle bis auf Nina sind da.
Nacheinander ruft Lina Lindberg die Musiker in das Zimmer. Aber die Studenten haben keine Erklärung für das, was passiert ist. Die Kommissarin hofft, dass der Tontechniker mehr weiß und ihr weiterhelfen kann. Doch ausgerechnet heute hat Stefan Wendler einen privaten Termin und ist nicht im Haus. Die Sekretärin der Hochschule schickt ihm eine SMS.

> Lieber Stefan, wir haben einen Notfall. Bitte melde dich! Sabine

„Das macht hier jetzt keinen Sinn. Morgen will ich *alle* sehen", entscheidet Lina Lindberg. Sie bestellt die Studenten und den Tontechniker für den nächsten Tag zur weiteren Vernehmung ins Polizeipräsidium.

---

tödlich: man stirbt daran

die Spurensicherung, die SpuSi, anfordern, die Vernehmung: → S. 13

verlassen: hinausgehen

der Tontechniker: → S. 10

Zimmer, in dem die Polizei
Zeugen oder verdächtige
Personen befragt:
die Vernehmung, das
Vernehmungszimmer

die Person, der etwas
passiert ist: das Opfer

die genaue Uhrzeit,
wann jemand stirbt:
der Todeszeitpunkt

untersucht den Tatort,
hier das Studio, auf
Spuren: die Spuren-
sicherung, SpuSi

Felix ruft/fordert die
Kollegen von der Spuren-
sicherung an: anfordern

die Polizei hat einen
neuen Fall, eine neue
Aufgabe: sie muss zu
einem Einsatz

Wer war bei dem Unfall dabei
oder hat etwas beobachtet?
der Zeuge, die Zeugin

Die Studenten müssen ins
Polizeipräsidium kommen.
Die Kommissarin bestellt
sie dorthin: die Vernehmung,
das Verhör

der Ort, an dem
ein Unfall passiert:
der Unfallort

Krimi-Wörter

kriminelle Handlung:
das Verbrechen

der Ort, an dem ein
Verbrechen passiert:
der Tatort

das Verbrechen,
bei dem ein Mensch
stirbt: der Mord

jemand war zur Tatzeit
nicht am Tatort: er/sie
hat ein Alibi

▶ 03　Kapitel 3: Im Polizeipräsidium

Dienstag, 2. Juli. Es ist 9:20 Uhr am Morgen. Lina Lindberg sitzt in ihrem Büro und telefoniert mit den Kollegen von der Spurensicherung. Felix bringt der Kommissarin eine Tasse schwarzen Tee. Er setzt sich auf einen freien Stuhl und hört das Telefongespräch mit an.

 Ach. Wirklich? Und Sie sind sich ganz sicher? Ein tödlicher Stromschlag? Am Mikrofonkabel fehlt der Personenschutzstecker? Hm. Danke für die schnelle Arbeit, Kollegen.

„Dass so etwas an einer Hochschule für Musik passiert! Das kann ich kaum glauben", sagt Felix.
„Ob das wirklich ein Unfall war?", fragt Lina Lindberg. „Wir müssen unbedingt den Tontechniker sprechen. Das sieht hier eher nach einem neuen Fall aus. Wo bleibt dieser Mattis?"

---

der Personenschutzstecker:　　der Fall: → S. 13
→ S. 10

Carlo Mattis und sein Hund Bobby sind mal wieder spät dran.
Der Kommissar will gerade in sein Büro gehen und in aller Ruhe
die neuen Polizeinachrichten lesen. Doch im Flur trifft er einen
alten Bekannten, der dort mit mehreren jungen Leuten auf eine
Vernehmung wartet. Er bleibt bei dem großen Mann stehen.
„Stefan Wendler, du, hier?"

Der Kommissar kann kaum glauben, was sein Bekannter ihm
da erzählt. Immer wieder schüttelt er den Kopf.
Plötzlich steht Lina Lindberg hinter Mattis. „Sie kennen sich?"
Das war ja klar. Lina Lindberg hat ihre Augen und Ohren
einfach überall.
„Guten Morgen, Chefin!", antwortet Mattis fröhlich und dreht
sich zu ihr um. Er weiß, dass sie sich ärgert, wenn er nicht
pünktlich ist. Aber was soll er machen? Bobby setzt sich sofort
auf die Hinterfüße. Der Polizeihund hat schnell gelernt.
„Kommen Sie dann mal in mein Büro?", fragt Lina Lindberg
Mattis. Sie schaut dabei aber auf Bobby und muss fast lachen.
„Sorry, Stefan, die Arbeit ruft!", sagt Mattis zu seinem
Bekannten. „Wir sehen uns!"

Lina Lindberg und Felix erklären dem Kommissar, was am
Vortag passiert ist. Mattis hört aufmerksam zu. Dann sagt er:
„Der Tontechniker ist schon da. Er wartet draußen auf dem Flur."
„*Das* ist Ihr Bekannter? Sagen Sie das doch gleich!", antwortet
die Kommissarin.

Wenige Minuten später beginnen die Kommissare mit der
Vernehmung der Zeugen.
Als Erstes spricht Lina Lindberg mit Stefan Wendler. Praktikant
Felix führt Protokoll über die Aussage des Tontechnikers.

---

schütteln:	der Zeuge,	Protokoll, hier: ein Text,	die Aussage, aus-
mit dem Kopf	die Zeugin:	in dem genau steht,	sagen: der Polizei
„nein" sagen	→ S. 13	was die Leute sagen	etwas erzählen

> Aussage Stefan Wendler:
> Gestern hatte ich Urlaub. Und damit der Professor zufrieden ist, war ich am Morgen vor Unterrichtsbeginn um 7:30 Uhr in der Akademie. Ich habe in allen Studios noch einmal die Technik überprüft. Als ich ging, war alles in Ordnung. So wie immer. Um 9:00 Uhr bin ich dann auf die Hochzeit meiner Cousine gefahren.

„Wir sprechen uns wieder", sagt die Kommissarin.

Als Nächstes kommen die Studenten an die Reihe.
Kommissar Mattis spricht mit Max Schöner.

> Aussage Max Schöner:
> Nina sollte ans Mikro kommen und singen. Aber dann hat Fred auf der Gitarre so blöd gespielt. Der Professor wollte ihm was zeigen und ist dabei ans Mikro gekommen. Ich bin so froh, dass Nina nichts passiert ist!

Lina Lindberg spricht in der Zeit mit Fred Schatz.
„Herr Schatz. Was genau haben Sie beobachtet?"
Fred wiederholt immer den gleichen Satz:

> Aussage Fred Schatz:
> Das musste ja so kommen. Es musste ...
> Immer gab es Streit wegen der Technik. Jetzt ist es passiert.
> Unser armer Professor. Das ist wirklich schlimm!

Als Letzte ist Nina Bolinski dran. Die Sängerin ist ganz weiß im Gesicht. Man sieht, dass es ihr nicht gut geht. Sie stellt viele Fragen:

> Was war mit dem Kabel los? War das Mikro kaputt? Wieso nicht ich? Warum der Professor? War das vielleicht gar kein Unfall?

Am Ende des Tages bleiben viele Fragen offen.

▶ 04   Kapitel 4: Wer war Per Olsson?

Mittwoch, 3. Juli. Es ist 10:00 Uhr am Vormittag. Endlich kann Lina Lindberg die Ehefrau von Per Olsson in Stockholm erreichen. Sie ist mit ihrem Sohn von einem Campingausflug nach Nordschweden zurückgekommen. Das Telefongespräch dauert nicht besonders lange. Die Kommissarin erfährt dabei, dass Eva Olsson eigentlich Hamburgerin ist. Eva Olsson sagt am Telefon, sie will den nächsten Flug nach Deutschland nehmen. Am späten Nachmittag kommt eine schlanke, elegante Frau ins Polizeipräsidium. Es ist die Ehefrau des Professors.

„Lindberg. Guten Tag, Frau Olsson. Mein Beileid", sagt die Kommissarin. „Bitte setzen Sie sich doch."
Besonders traurig sieht Eva Olsson nicht aus, findet die Kommissarin. Eher so, als ob sie gerade von einem wichtigen Geschäftstermin kommt. „Frau Olsson, wir müssen Ihnen leider ein paar unangenehme Fragen stellen."
„In Ordnung." Eva Olsson nimmt ihr Handy aus der Handtasche. „Entschuldigen Sie, aber ich erwarte einen dringenden Anruf. Was genau wollen Sie denn von mir wissen?"
Die Kommissarin kommt gleich zur Sache. „Hatte Ihr Mann Feinde?", fragt sie.
„Per? Der doch nicht! Er hatte eher zu viele …" Eva Olsson hört auf zu reden, weil ihr Handy klingelt. „Das ist mein Sohn", sagt sie. „Ich muss kurz mit ihm sprechen." Sie steht auf und geht aus dem Büro. Während sie im Flur telefoniert, steckt Carlo Mattis seinen Kopf zur Tür herein. „Na, Chefin, gibt es was Neues?"

---

mein Beileid: das sagt oder schreibt man, wenn jemand gestorben ist

unangenehm: man will etwas nicht machen, muss es aber tun

der Feind: eine Person, die eine andere überhaupt nicht mag

„Leider nein. Die Frau tut so, als ob sie der Tod ihres Mannes nicht weiter interessiert."
„Vielleicht sagt sie ja die Wahrheit", antwortet Mattis.
„Wie meinen Sie das?"
„Die Frau lebt in Schweden, der Professor in Deutschland", überlegt der Kommissar laut.
„Hm. Das könnte schon sein. Vielleicht ist es ja klüger, wenn Sie hier weitermachen", sagt die Kommissarin.
„Aber gern doch." Mattis kommt in das Zimmer. „Felix, bist du so nett und gehst mit Bobby eine Runde spazieren?"
„Muss das sein?", fragt Felix. Gerade jetzt, wo der Fall spannend wird, hat er eigentlich keine Lust, mit dem Hund zu gehen.
„Ich lade dich später auch auf einen Drink in Pauls Schokobar ein", verspricht Mattis und gibt ihm die Hundeleine. Bobby weiß sofort, was Sache ist.

Sekunden später ist Felix mit dem Hund unterwegs und Lina Lindberg geht aus ihrem Büro. Mattis stellt gerade seinen Kaffeebecher ab, als es an der Tür klopft.
„Ach, bin ich hier falsch?", fragt Eva Olsson. Sie will schon wieder gehen.
Aber Mattis steht auf, um sie zu begrüßen. „Mattis ist mein Name. Frau Lindberg musste dringend weg. Ein Notfall", erklärt er ihr freundlich. „Mein Beileid, Frau Olsson. Ich kann verstehen, wenn Sie mit der Polizei über Ihren schweren Verlust nicht gern sprechen wollen. Aber es muss leider sein."
Dabei schaut er ihr tief in die Augen.

überlegen:
nachdenken über etwas

die Hundeleine:
Band, an dem man einen Hund führt

der Verlust: wenn man eine Person, die man sehr mag, verliert

Eva Olsson weiß nicht so recht, was sie antworten soll.
Wenn Mattis eines kann, dann ist es warten. Das ist jetzt
genau sein Job. Und den macht er gut.
„Ach, wissen Sie", beginnt Eva Olsson plötzlich, „mein Mann
und ich haben uns in letzter Zeit nicht mehr so oft gesehen."
„Wie meinen Sie das?", fragt Mattis.
„Er hier, ich dort. Die vielen jungen Frauen um ihn herum –
irgendwann hatte ich einfach genug", erklärt Eva Olsson.
„Verstehe!", sagt Mattis. Eigentlich versteht er nicht viel, aber
das ist jetzt auch nicht wichtig. „Weiß Ihr Sohn davon?"
„Wovon? Aber nein, wo denken Sie hin! Niklas ist doch erst
zehn!", antwortet sie. „Aber ich weiß nicht, wie ich ihm den
Mord an seinem Vater erklären soll."
„Sie meinen, es war Mord?", fragt Mattis interessiert. „Wie
kommen Sie darauf?"
„Ist es denn nicht so?", antwortet Eva Olsson. „Ich dachte,
deswegen sollte ich hierherkommen?"

der Mord: → S. 13

▶ 05   ## Kapitel 5: Unter Stress

Montag, 8. Juli, früher Nachmittag. In der Popakademie findet die Gedenkfeier für Per Olsson statt. Der große Konzertsaal ist bis auf den letzten Platz besetzt. Fast alle Studenten, Lehrer und Mitarbeiter sind gekommen. Eva Olsson und ihr Sohn Niklas sitzen in der ersten Reihe.
Auch Lina Lindberg und ihr Team sind vor Ort. Die Kommissarin sitzt hinter Eva Olsson. Felix hat bei den Studenten einen Platz gefunden. Und Mattis steht ganz hinten im Raum. So haben die Polizisten alle Teilnehmer der Gedenkfeier gut im Blick.

„Musik war sein Leben", beginnt der Direktor der Akademie. Dann erzählt er, was die Studenten alles von Per Olsson gelernt haben. Als er fertig ist, kommt ein früherer Schüler des Professors auf die Bühne. Er setzt sich an das Klavier und fängt an zu spielen. Das Klavierstück ist schön, aber auch traurig.
Für Niklas Olsson ist das zu viel. Der Junge will nur noch weg. Mattis sieht, wie Eva Olsson und ihr Sohn aus dem Saal gehen. Er folgt ihnen.
„Kommen Sie, hier gibt es eine Cafeteria", sagt er zu der Frau. Und zu ihrem Sohn: „Ich bin Mattis. Du magst doch bestimmt eine heiße Schokolade?"
Der Junge sieht den Kommissar an und nickt. Mattis holt dem Jungen das Getränk.
„So ist er schon seit Tagen. Er spricht nicht", erklärt Eva Olsson.
„Am besten, wir fliegen gleich nach Stockholm zurück. Oder brauchen Sie mich hier noch?"
„Ich denke nicht. Aber bitte halten Sie sich weiter zu unserer Verfügung", antwortet Mattis. Dann verabschieden sie sich.

---

die Gedenkfeier: Feier für jemanden, der gestorben ist

der Konzertsaal: großer Raum für Konzerte

sich zur Verfügung halten: bereit sein, zu helfen

Die Gedenkfeier ist vorbei. Der Unterricht in der Popakademie geht weiter. Die Kommissare stehen noch im Eingang der Hochschule zusammen.

„Was? Sie haben Olssons Frau einfach gehen lassen?", fragt Lina Lindberg ihren Kollegen Mattis.

„Ja, natürlich. Die Frau hat doch ein Alibi. Haben Sie das nicht selbst überprüft?" Er versteht die Frage nicht. Außerdem ist er in seinem Job kein Anfänger mehr.

„Stimmt. 1:0 für Sie, Kollege!", antwortet die Kommissarin. Und zu Felix sagt sie: „Die *Golden Riffs* proben gleich. Gehen Sie doch mal da hin. Sie kennen doch diesen Max, oder?"

„Ja, das kann ich machen. Max ist ein Freund von mir."

Felix schaut auf den Plan an der Wand. Die Chefin hat recht. Die *Golden Riffs* proben um 15:30 Uhr in Studio 4. „Bis dann." Er geht ins Haus gegenüber. Studio 4 ist im Erdgeschoss gleich links. Die Tür steht halb offen. Auf dem Flur trifft er den Tontechniker.

„Alles zweimal geprüft", sagt Stefan Wendler zu Felix.

Max ist allein im Studio. Er steht am Fenster und schaut dem vorbeifahrenden ICE nach.

„Hi", sagt Felix und klopft ihm auf die Schulter. „Ihr probt doch gleich, oder?"

„Das ist der Plan. Wenn die anderen auch kommen."

„Wird schon. Ist es okay, wenn ich zuhöre?"

„Bist du privat hier?"

„Ja und nein."

„Ist auch egal."

Sie reden noch ein bisschen über Musik, während die anderen Studenten nach und nach ins Studio kommen.

Nur Nina, die Sängerin, fehlt.

---

das Alibi: → S. 13

„Wo ist sie?", fragt Fred. Dabei schaut er Max an.
„Wer? Nina? Woher soll ich das wissen?", antwortet der.
„Klar, Nina. Wer denn sonst?"
„*Du* hast doch gerade neben ihr gesessen", sagt Max.
„Was soll das denn heißen?"
Irgendwie ist Max heute anders, denkt sich Felix. Sein Freund ist doch sonst nicht so streitlustig. Dann geht alles sehr schnell. Plötzlich liegen Max und Fred auf dem Boden.
„Stopp. Hört sofort auf!", ruft Felix. Er stellt sich zwischen die beiden. Doch das hilft auch nicht wirklich weiter.

Als Nina in das Studio kommt, trifft sie auf drei sehr rote Gesichter. „Sorry, dass ich zu spät bin", sagt sie. Vorsichtig stellt sie sich in die Nähe des Mikrofons. „Sollen wir?"
Die Musiker fangen an zu spielen. Sie wiederholen das Intro zweimal. Aber Nina kann nicht singen. Sie bringt keinen Ton heraus.

---

streitlustig:
wenn jemand
gern streitet

das Intro: Anfang
eines Musikstücks

keinen Ton heraus-
bringen: die Stimme
funktioniert nicht mehr

Kapitel 6: Wo ist Nina?

Freitag, 12. Juli, später Vormittag. Im Polizeipräsidium geht ein Anruf ein. Er ist von Max Schöner. Praktikant Felix nimmt das Gespräch an.

„Felix? Hier ist Max."
„Hey, Max, was gibts?"
„Nina geht nicht ans Telefon."
„Die Sängerin?"
„Ja! Sie ist auch nicht mehr zu den Proben gekommen."
„Seit wann?"
„Seit vier Tagen. Da stimmt was nicht!"
„Wieso?"
„Sie macht auch nicht die Tür auf."
„Du warst bei ihr und hast geklingelt?"
„Ja, schon dreimal!"
„Möchtest du, dass wir bei ihr nachsehen, was da los ist?"
„Ja, bitte!"
„Okay. Ich sehe zu, was ich da tun kann."

Felix und Mattis fahren in die Dammstraße. Dort ist die Wohnung von Nina Bolinski.
Vor dem Haus treffen sie die Hausmeisterin, Frau Meier. Auch sie hat die junge Sängerin seit Tagen nicht mehr gesehen. Sie hilft der Polizei gern weiter. Sie holt einen Ersatzschlüssel für Ninas Wohnung. Mattis klingelt. Niemand öffnet. Dann schließt sie die Wohnungstür auf.
„Vielen Dank, Frau Meier. Wir sehen nur schnell nach, ob Frau Bolinski da ist und bringen Ihnen den Schlüssel dann gleich wieder zurück", verspricht Mattis der neugierigen Hausmeisterin.

---

der Ersatzschlüssel: ein weiterer Schlüssel

Die Zwei-Zimmer-Wohnung von Nina Bolinski ist nicht besonders groß. Aber sie ist sehr voll. Im Wohnzimmer stehen kleine Tische mit Blumenvasen, Kerzen und leeren Gläsern. Der Schreibtisch ist unordentlich und auf dem Boden liegen Noten und Bücher. Auf dem Sofa liegen so viele Papiere, dass man sich gar nicht hinsetzen kann.

„Das sieht nach Arbeit aus", sagt Felix. „Ich sehe mich mal in der Küche um." In der Küche ist niemand. Auch Ninas Kühlschrank ist leer, bis auf eine alte Zitrone, ein Stück Butter und etwas Käse. Felix schaut in das Bad. Aha, die Zahnbürste fehlt! Dann geht er zurück in das Wohnzimmer.

Mattis steht vor den Bücherregalen. „Komisch", sagt er. „Alle Bücher sind alphabetisch geordnet. Das machen nur Leute, die gut organisiert sind. Aber so sieht es hier gerade gar nicht aus. Und wie ist dein Eindruck von der Küche? Dem Bad?", fragt er.

„Diese Nina kocht nicht oft. Und im Bad fehlt die Zahnbürste", antwortet Felix.

„Das kommt mir bekannt vor. Ich koche auch nie." Mattis lacht.

Felix öffnet die Tür zum Schlafzimmer. Er schaltet das Licht an und geht zum Fenster. Dann zieht er die Vorhänge auf. Vor ihm ist nur Chaos: Das Bett ist nicht gemacht und überall liegen Kleider, Jacken und Schuhe. Er öffnet die Schranktüren. Aha. Hier sieht es so aus, als ob jemand schnell gepackt oder etwas Bestimmtes gesucht hat. Ein Koffer ist weg. Das kann man deutlich sehen. Das erklärt auch, warum die Zahnbürste im Bad fehlt. Doch was ist das? Felix kann gerade noch einen Schritt zur Seite machen. Vor ihm auf dem Teppich liegt eine Halskette. Sie ist kaputt. Als er sie aufhebt, fällt sein Blick unter das Bett. Dort sieht er einen kleinen, roten Koffer. Er nimmt die Halskette und den kleinen Koffer und geht zurück ins Wohnzimmer.

---

alphabetisch: feste Reihenfolge der Buchstaben

Mattis sitzt auf dem Sofa und ordnet die Papiere. „Alles nur Noten", sagt er zu Felix. „Ich habe davon keine Ahnung. Aber diese Nina ist wohl eine fleißige Studentin."
„Vielleicht bringt uns dieser Koffer ja weiter?" Felix setzt sich zu Mattis auf das Sofa. Er macht den kleinen, roten Koffer auf. „Oh, das sieht aber nach einer großen Liebe aus." Mattis nimmt eine Handvoll Briefe und Fotos aus dem Koffer. „Na, dann wollen wir mal."

Meine Liebe,
ich verstehe nicht, warum du Schluss gemacht hast. Es war doch
Für immer, dein A.

Liebe N.,
du bist die Einzige für mich
In Liebe, dein A.

Nina,
gib mir noch eine Chance, bitte!!
Ich verspreche dir
A.

Meine Nina,
ohne dich macht alles keinen Sinn. Bitte komm zu mir zurück.
Dein A.

„Wer ist dieser A.? Wir müssen den Briefeschreiber finden", sagt Mattis. „Was ist mit den Fotos?"
„Viele Urlaubsbilder. Meistens Nina und ein paar andere Mädchen, wahrscheinlich ihre Freundinnen. Und ein paar Fotos von der Band."
„Den *Golden Riffs*?", fragt Mattis.

---

es macht keinen Sinn: es hat keine Bedeutung

▶ 07   ## Kapitel 7: Herzschmerzen

Sonntag, 14. Juli, am Abend. Es klingelt. Max sitzt in seinem Lieblingssessel. Er schaut auf seinem Laptop ein Musikvideo an. Auf Besuch hat er heute gar keine Lust. Auch nicht an seinem Geburtstag. Nach dem dritten Klingeln steht er dann doch auf und öffnet die Wohnungstür.

Draußen steht Felix. „Alles klar bei dir?"
„Nein. Aber komm rein!", antwortet Max.
„Wo sind denn die anderen?", fragt Felix. Er drückt Max eine große Pizza in die Hand. „Happy Birthday."
„Ich habe heute keine Lust auf eine Party", antwortet Max.
„Okay. Appetit auf Pizza hast du aber immer, oder?"
„Ja, danke!", antwortet Max und muss dann doch lachen. Er geht in die Küche und holt zwei Bier. Die beiden Freunde setzen sich auf das Sofa. Eine Zeit lang sagen sie gar nichts und hören zusammen Musik.
Dann fragt Felix: „Was war da letzten Montag im Studio zwischen dir und diesem Fred?"
„Nichts, wieso?", antwortet Max.
„Komm, jetzt sag schon."
„Ach, der Typ ist einfach nur ein Idiot. Weiß die Polizei denn jetzt, wo Nina ist?", fragt Max.
„Die Ermittlungen laufen. Ich darf dir nichts darüber sagen. Wie lange kennst du sie eigentlich schon?", will Felix wissen.

Max nimmt sich ein Stück Pizza. „Seit einem Jahr", fängt er an zu erzählen. „Erst hat sie in einer anderen Band gesungen, dann ist sie zu uns gekommen."
„Und, triffst du dich mit ihr auch privat?", fragt Felix.

---

der Typ, hier: Mann

die Ermittlungen: Untersuchungen in einer Sache oder gegen jemanden

Er sieht, wie Max ganz rot wird. Ist die Pizza vielleicht zu scharf? Das wohl eher nicht!
„Nach den Proben, in der Schokobar, abends, auf Konzerten?", fragt er weiter.
So viel ist klar: Sein Freund will mit ihm nicht näher über die Sängerin sprechen. Aber genau das macht die Sache so interessant. Irgendetwas ist da zwischen den beiden.
„Du hast sie richtig gern, oder?", fragt er.

Max sieht plötzlich ganz traurig aus. „Ja", sagt er leise. „Ich muss die ganze Zeit an sie denken. Mich hat es voll erwischt. Aber sie weiß es nicht. Jedenfalls nicht von mir."
„Mensch, Alter, dann mach doch den Mund auf! Sonst bist du doch auch nicht so!" Felix klopft ihm auf die Schulter. „Lass dir was einfallen!"
Max steht auf und holt neues Bier. Er öffnet die Flaschen. Dann nimmt er einen großen Schluck. „Es ist kompliziert."
„Was soll denn daran kompliziert sein? Hast du sie schon mal eingeladen? Oder wenigstens versucht dich mit ihr zu verabreden?", will Felix wissen.
„Schon. Aber Nina hat fast nie Zeit und ist immer im Stress. Wir haben uns ein paar Mal in der Cafeteria getroffen. Und da hat dann jedes Mal ihr Ex-Freund angerufen und ..."
„Ihr Ex-Freund? Was hat sie denn über ihn erzählt?"
„Nicht viel. Eigentlich immer das Gleiche."
„Ja, was denn?", fragt Felix neugierig.
„Nina hat gesagt, dass die Beziehung schon lange vorbei ist. Und dass er das nicht glauben will."
„Weißt du denn, wie er heißt?", unterbricht ihn Felix. Kommt jetzt endlich Bewegung in den Fall?

---

erwischt, hier:
total verliebt sein

unterbrechen:
jemanden nicht fertig reden lassen

Er hofft, dass Max ihm einen Namen nennt, der mit „A" anfängt.
„Nein. Sie hat immer nur von ihrem Ex gesprochen."
„Jetzt überleg doch mal, wer könnte das sein?" Felix holt einen Zettel und fängt an, die Namen von Musikern aufzuschreiben, die sie beide kennen.
„Anton, Armin, Andreas, Alexander", liest er vor.
„Hab ich jemanden vergessen?"
„Nein. Aber von denen ist es keiner", antwortet Max.
„Sicher?", fragt Felix.
„Ja. Anton und Armin wohnen seit Jahren nicht mehr in Mannheim, und die beiden anderen haben feste Freundinnen."
„Und an der Popakademie? Ein neuer Kommilitone vielleicht?"

---

der Kommilitone: Studienkollege

▶ 08   Kapitel 8: Wer ist dieser *A.*?

Montag, 15. Juli. Es ist 10:30 Uhr am Vormittag.
Die morgendliche Teamsitzung im Polizeipräsidium ist zu Ende. Lina Lindberg ist auf dem Weg in ihr Büro. Im Flur geht eine Person auf und ab. Es ist Nina Bolinski.

„Frau Kommissarin, kann ich Sie kurz sprechen?"
„Waren Sie nicht schon hier im Präsidium?" Die Kommissarin überlegt kurz. „Helfen Sie mir doch bitte!" Natürlich hat sie die junge Frau sofort wiedererkannt. Aber das zeigt sie nicht.
„Ja, am 2. Juli war ich hier. Wegen einer Aussage. Nina Bolinski ist mein Name."
„Jetzt erinnere ich mich an Sie. Kommen Sie mit in mein Büro. Dort können wir in Ruhe reden", sagt Lina Lindberg. Sie geht zum Telefon und ruft den Polizeipraktikanten an.
„Felix, ich habe Besuch. Könnten Sie uns bitte Tee bringen?"
„Sie trinken doch Tee, oder?", fragt sie die Sängerin.
„Ja, danke", antwortet Nina und setzt sich auf einen der freien Stühle.
„Was führt Sie zu mir, Frau Bolinski?"
„Jemand war in meiner Wohnung!", fängt Nina an.
„Als ich gestern zurückgekommen bin, war dort ein totales Chaos. Alles ist durcheinander."
„Fehlt denn etwas?", fragt Lina Lindberg.
Bevor die Sängerin antworten kann, klopft es an der Tür.
Felix bringt den Tee. „Es wird Zeit, dass Frau Brenner aus dem Urlaub zurückkommt", sagt er und stellt ein großes Tablett auf dem Besprechungstisch ab.
„Frau Brenner ist unsere Sekretärin", erklärt Lina Lindberg. „Sie macht den besten Tee."

---

die Teamsitzung: Besprechung

wiedererkennen: sich an jemanden erinnern

durcheinander: chaotisch

Und zu Felix sagt sie: „Aber der Tee von Ihnen schmeckt auch sehr gut."

„Danke für das Kompliment, Chefin!" Dann erkennt Felix Nina Bolinski. „Das gibt es doch nicht!", ruft er und lässt fast die Teekanne fallen. „Nina! Wo kommst du denn her? Bist du okay?"
„Wieso? Natürlich bin ich okay!" Nina versteht die Frage nicht.
„Frau Bolinski", schaltet sich die Kommissarin ein. „Sie wurden vermisst. Niemand wusste, wo Sie sind."
„Aber ich habe doch eine Krankmeldung an die Akademie geschickt."
„Wirklich? Die Sekretärin hat keine Krankmeldung bekommen", erklärt die Kommissarin. „Sie waren nach dem 8. Juli nicht mehr bei den Proben. Deswegen hat man uns gebeten, bei Ihnen zuhause nachzusehen."
„Was?? Die Polizei war in meiner Wohnung?", fragt Nina.
„Max hat uns angerufen, er hat sich Sorgen gemacht", erklärt Felix.
„Sagen Sie uns einfach, wo Sie in den letzten sechs Tagen waren", schlägt Lina Lindberg vor.
„Bei Freunden auf dem Land", antwortet Nina.
„Und dein Handy? Ist das kaputt? Max hat so oft versucht, dich zu erreichen."
„Handys funktionieren in Sandbach* nicht."
„Das glaube ich Ihnen sofort." Lina Lindberg kennt im Odenwald einige Orte, wo der Handyempfang alles andere als gut ist.
„Haben *Sie* die Briefe aus meiner Wohnung mitgenommen?", fragt Nina. „Deswegen habe ich gemerkt, dass jemand in meiner Wohnung war. Weil die Briefe weg sind."
„Ja. Wer ist denn dieser *A.*?" Felix setzt sich neben Nina.

---

erkennen: jemanden von früher her kennen

der Handyempfang: kein Netz, das Handy geht nicht

* Ort im nördlichen Odenwald

Die Kommissarin lässt Felix weitermachen.

„Die Polizei hat die Briefe gelesen?", fragt Nina.

„Ja, das haben wir", antwortet Felix.

„Oh", ist alles, was ihr dazu einfällt. Eine Weile lang sagt sie gar nichts und schaut aus dem Fenster. „Die Briefe sind von meinem Ex. Er lässt mich einfach nicht in Ruhe. Dabei ist schon seit einem Jahr Schluss."

„Das haben wir uns schon gedacht." Felix wartet ab.

„Egal wie oft ich ihm gesagt habe, dass es mit uns nichts mehr wird: Er glaubt mir nicht", erzählt Nina weiter.

„Aber wer ist er? Wer ist dieser *A.*?", fragt Felix wieder.

Nina hat die Frage nicht gehört. Dafür ist sie viel zu aufgeregt. „Immer hat er mich kontrolliert. Vor, während und nach den Proben."

„Während?", fragt Felix. Jetzt wird es spannend. „War er denn mit dabei?"

„Ja, sicher. Das ist ja gerade das Problem. An der Akademie muss ich ihn jeden Tag sehen."

Felix geht die einzelnen Namen der Bandmitglieder durch.

„Max, Fred, und wie heißen die beiden anderen Jungs der Band noch mal?", fragt er.

„Von den *Golden Riffs*? Tom und Paul", antwortet Nina.

„Und wer ist dann dieser *A.*?", fragt Felix noch einmal.

„Fred", antwortet sie leise.

Lina Lindberg schaut in ihren Computer. Sie sucht nach den Personalien der Bandmitglieder. Die Musikstudenten waren ja schon einmal im Präsidium. Nach ein paar Sekunden hat sie die Liste mit den Namen gefunden.

„*Alfred Schatz*", liest sie vor.

---

die Personalien: persönliche Angaben zu einer Person

▶ 09   Kapitel 9: Gefasst

Montag, 15. Juli, Jungbuschstraße 10. Es ist 18:00 Uhr.
Lina Lindberg und Mattis sitzen im Auto. Sie warten seit drei
Stunden auf Fred Schatz. Seine Wohnung ist ganz in der Nähe
der Popakademie. Doch dort war er heute nicht. Zum ersten
Mal hat Fred bei den Proben gefehlt. Abwechselnd haben die
Musiker ihn auf dem Handy angerufen. Doch immer hieß es:

„Der Anschluss ist zurzeit nicht erreichbar."

Max hat dann eine SMS an Felix geschrieben. Und Felix hat
seine Chefin informiert.

„Mattis?", ruft Lina Lindberg über den Flur. „Einsatz!"
Die beiden Kommissare steigen in Mattis' Auto ein. Dort
wartet niemand anderes als Bobby.
„Sorry, aber ich soll den Hund ja nicht immer mit ins Büro
bringen", entschuldigt sich Mattis bei Lina Lindberg. Und zu
Bobby sagt er: „Ab nach hinten mit dir!"
„Mein Wagen ist leider in der Werkstatt", antwortet die
Kommissarin und nimmt ein paar Hundehaare von ihrer Jacke.
„Ich bringe ihn zu Felix", entscheidet Mattis. Bobby freut sich,
dass er das langweilige Auto verlassen kann.
„Du hast was gut bei mir!", verspricht Mattis Felix.
„Das macht dann schon zwei Drinks in der Schokobar." Felix
streichelt Bobby über das Fell. Sofort lässt sich der Hund auf
den Rücken fallen. „Es ist okay. Jetzt geh schon, Mattis!"

---

abwechselnd: erst der
eine, dann der andere

der Anschluss, hier:
die Telefonnummer

Während die Kommissare im Auto warten, besprechen sie den Fall Per Olsson noch einmal ganz genau.
„Fassen wir also zusammen", beginnt die Kommissarin. „Der Tontechniker hat doch ausgesagt, alles war an dem Tag in Ordnung, oder?"

Mattis schaut in sein Tablet und liest aus dem Protokoll vor: „Aussage Stefan Wendler, 2. Juli: Gestern hatte ich Urlaub. Und damit der Professor zufrieden ist, war ich am Morgen vor Unterrichtsbeginn um 7:30 Uhr in der Akademie. Ich habe in allen Studios noch einmal die Technik überprüft. Als ich ging, war alles in Ordnung. So wie immer. Um 9:00 Uhr bin ich dann auf die Hochzeit meiner Cousine gefahren."

„Und die Studenten?", will Lina Lindberg wissen.

„Aussage Max Schöner", liest Mattis weiter.
„Nina sollte ans Mikro kommen und singen. Aber dann hat Fred auf der Gitarre so blöd gespielt. Der Professor wollte ihm was zeigen und ist dabei ans Mikro gekommen. Ich bin so froh, dass Nina nichts passiert ist!"

„Was hat dieser Fred Schatz zu Protokoll gegeben?", fragt die Kommissarin.
„Aussage Fred Schatz", liest Mattis vor: „Das musste ja so kommen. Es musste … Immer gab es Streit wegen der Technik. Jetzt ist es passiert. Unser armer Professor. Das ist wirklich schlimm!"

„Ich glaube das nicht. Jetzt, wo wir mehr über diesen Fred wissen, wird mir einiges klar", erklärt Lina Lindberg.

Mattis sucht gerade nach der Aussage von Nina Bolinski, als eine dunkel gekleidete Person die Straße entlangkommt.

„Da ist er. Da bin ich mir sicher", sagt Lina Lindberg.
Dann geht alles sehr schnell. Die Kommissare stellen sich Fred Schatz in den Weg. Sie klären ihn über seine Rechte auf und bitten ihn, mit ins Präsidium zu kommen.

Fred macht keine Probleme. Er sagt nichts und steigt in das Polizeiauto. Unterwegs ruft Lina Lindberg im Präsidium an. Felix bereitet das Vernehmungszimmer vor. Er nimmt die Briefe von A. und breitet sie auf dem Tisch aus.

Als Fred seine Briefe an Nina auf dem Tisch sieht, wird er wütend. Aufgeregt geht er im Zimmer auf und ab. Seine Stimme wird immer lauter. „Woher haben Sie diese Briefe? Was soll das?", ruft er.

aufklären: jemanden über etwas Wichtiges informieren

ausbreiten: Gegenstände nebeneinanderlegen

Kapitel 10: Alles nur ein Versehen?

„Sie sind der Briefeschreiber, richtig?", fragt die Kommissarin.
„Ja, und? Die Briefe gehen Sie gar nichts an!", antwortet Fred Schatz empört.
„Da sind wir aber anderer Meinung", antwortet Lina Lindberg.
„Frau Bolinski hat Ihre Beziehung beendet. Sie aber lassen sie nicht in Ruhe."
„Und? Ist das denn ein Verbrechen?", fragt Fred Schatz frech. Er fühlt sich sicher.
„Nein. Aber das, was während der Bandprobe am 1. Juli passiert ist, sehr wohl", erklärt die Kommissarin.
Fred Schatz wird nervös. „Was wollen Sie mir sa...?", beginnt er gerade, als Mattis ihn unterbricht.
„Nina sollte während der Probe doch sicher nicht mit dem Mikrofon in Kontakt kommen, oder?"
Fred merkt, dass er jetzt sehr vorsichtig sein muss mit dem, was er sagt. Er ist ganz weiß im Gesicht.
„Zu allen war sie freundlich. Nur nicht mehr zu mir. Und dann hat auch noch der Professor mit Nina ... Ich habe das nicht mehr ausgehalten", antwortet er leise.
„Was hat der Professor damit zu tun?", fragt Lina Lindberg.
„Haben Sie wegen ihm das Mikrofon unter Strom gesetzt?", will Mattis wissen.
„Was? Wegen ihm? Ich? Nein! Das wollte ich nicht!", schreit Fred.
„Was wollten Sie nicht?", fragt Mattis. „Einen tödlichen Stromschlag auslösen?"
„Ja. Nein. Ich weiß jetzt gar nichts mehr." Fred ist ganz durcheinander. Und er fängt an zu weinen.
„Auch das noch." Lina Lindberg holt ihm ein Glas Wasser und ein paar Taschentücher. „Wir machen eine kurze Pause."

---

empören: sich aufregen

das Verbrechen: → S. 13

auslösen: verursachen, machen

Die beiden Kommissare gehen aus dem Vernehmungszimmer.

„Was meinen Sie, Mattis? Kann es sein, dass der Mann uns nur etwas vorspielt?", fragt Lina Lindberg.
„Schwer zu sagen. Vielleicht sollten wir Felix mit ins Verhör nehmen?", schlägt der Kommissar vor.
„Okay. Einen Versuch ist es wert." Lina Lindberg ist einverstanden.

Wenige Minuten später übernimmt Felix. „Fred, was ist am 1. Juli im Probenraum wirklich passiert?"
Fred Schatz sieht Felix lange an. Er zögert. „Du wirst mir das eh nicht glauben. Aber ich wollte Nina nur ein bisschen erschrecken. Damit sie wieder mit mir redet."
„Wieder mit dir redet?", wiederholt Felix. Er versteht nicht, was Fred ihnen damit sagen will.
„Ich habe vor der Probe den Stecker gezogen, damit das Mikrofon nicht geht. Nina hätte es gemerkt und mich gefragt, was los ist. Aber dann fand ich die Idee blöd. Und noch vor der Probe habe ich das Kabel wieder in die Steckdose gesteckt."
„Und dabei vergessen, den Personenschutzstecker dazwischen zu schalten?", fragt Felix.
„Ich weiß es nicht mehr. Aber ich wollte niemanden verletzen. Und schon gar nicht töten. Das müssen Sie mir glauben, bitte!"

---

das Verhör:
→ S. 13

zögern: etwas nicht tun, weil man Angst hat

erschrecken: plötzlich Angst bekommen

Als Nina Bolinski von der Aussage ihres Ex-Freundes hört, sagt sie zur Polizei: „Mit diesem Menschen will ich nie wieder etwas zu tun haben. Aber ein Mörder ist er sicher nicht." Lina Lindberg und ihr Team prüfen, ob Alfred Schatz ein Verfahren wegen fahrlässiger Tötung bekommt.

Die Leitung der Popakademie verweist Fred Schatz von der Hochschule. Und das bedeutet: Die *Golden Riffs* machen erst mal eine Bandpause, denn sie brauchen einen neuen Gitarristen. Ob Felix in der Band mitspielen kann? Kommissar Mattis will mit Lina Lindberg sprechen, ob der Polizeipraktikant für die Bandproben frei bekommt.

Wenige Tage später starten die Konzerte zum Semesterende. Überall in Mannheim gibt es Live-Musik. Auch im Jungbusch ist eine große Party. Felix und Mattis hören bei leckeren Drinks in der Schokobar die ganze Nacht lang der Musik zu.

---

das Verfahren: wenn ein Fall vor Gericht untersucht wird

fahrlässige Tötung: für den Tod, Unfall eines Menschen verantwortlich sein

verweisen: wegschicken, kündigen

zu Kapitel 1

1. Was wissen Sie über die Popakademie Baden-Württemberg? Ergänzen Sie.

   Bands • Hochschule für Musik • Konzerte • Mannheim

   a Die Popakademie ist eine internationale ....
   ....
   b Die Popakademie ist in ....
   c Am Semesterende finden viele .... statt.
   d Die sechs besten .... spielen Ende Juli in der *Alten Feuerwache*.

▶ 11 2. Was wissen Sie über Per Olsson? Hören Sie und kreuzen Sie an, was richtig ist.

   a ○ Er ist Gastprofessor an der Popakademie.
   b ○ Er kommt aus Hamburg.
   c ○ Er mag es nicht, wenn seine Schüler zu spät kommen.
   d ○ Er spricht gern und viel.

3. Was passiert in Studio 1? Ordnen Sie die Sätze und finden Sie die Lösung.

   U ○ Max stellt sich mit seinem Bass neben Fred.
   M ○ Nina sucht etwas in ihrem Rucksack.
   S ○ Der Professor sieht Nina Bolinski freundlich an.
   K ○ Der Professor streift mit der E-Gitarre den Mikrofonständer.
   I ○ Fred spielt ein paar Töne auf seiner E-Gitarre.

   Lösung:

1	2	3	4	5

zu Kapitel 2

1. Der Tote in Studio 1. Lesen Sie den Text auf Seite 11–12 und beantworten Sie die Fragen.

   a Wie lange versucht die Ärztin dem Professor das Leben zu retten?

   b Was schreibt die Ärztin in dem Formular auf?

   c Was erklärt die Ärztin Lina Lindberg?

2. Die Polizei im Einsatz. Ergänzen Sie die Wörter.

   Ausweis • Kommissar • Polizeipräsidium • Spurensicherung • Vernehmung

   a „Kriminalhauptkommissarin Lindberg", sagt eine sportliche, blonde Frau und hält ihren _____ hoch.
   b „Wo bleiben die Kollegen von der _____?", fragt die Kommissarin.
   c „Und _____ Mattis? Haben Sie ihn erreicht?"
   d Lina Lindberg bestellt die Studenten und den Tontechniker zur weiteren _____.
   e Alle sollen am nächsten Tag ins _____ kommen.

3. Was ist richtig? Kreuzen Sie an und korrigieren Sie dann die Fehler.

   a ○ Felix kennt ~~Fred und Nina~~ aus der Schule. Max
   b ○ Nina ist Sängerin bei den *Silver Riffs*
   c ○ Kommissar Mattis hat einen privaten Termin.

   d ○ Die Sekretärin schickt Stefan Wendler einen Brief.

   e ○ Lina Lindberg will auch mit Nina Bolinski und dem Tontechniker sprechen.

zu Kapitel 3

▶ 12   1. Lina Lindberg, Felix und die Kollegen von der Spurensicherung. Hören Sie und ergänzen Sie die Sätze.

   a „Wirklich? Und Sie sind sich ganz _____?"
   b „Ein _____ Stromschlag?"
   c „Danke für die _____ _____ Kollegen."
   d „Das kann ich _____ _____."
   e „Ob das wirklich ein _____ war?"

2. Welches Wort passt nicht? Streichen Sie durch.

   a Spurensicherung – Praktikant – Tee – Polizeihund
   b Mikrofonkabel – Stromschlag – Personenschutzstecker – Fall
   c Studenten – Urlaub – Zeugen – Kommissare
   d Flur – Büro – Studio – Vernehmung

3. Ergänzen Sie die Präpositionen.

   am • an • ans • auf • bei • hinter • im • um

   a Felix hört das Telefongespräch mit _____ .
   b Der Kommissar trifft einen Bekannten _____ Flur.
   c Er bleibt _____ dem großen Mann stehen.
   d Plötzlich steht Lina Lindberg _____ Mattis.
   e Bobby setzt sich _____ seine Hinterfüße.
   f Lina und Felix erklären, was _____ Vortag passiert ist.
   g Der Tontechniker war _____ 7:30 Uhr in der Akademie.
   h Der Professor ist mit der Gitarre _____ Mikro gekommen.

zu Kapitel 4

▶ 13 **1.** Wer sagt/fragt was? Hören Sie und kreuzen Sie an.

		Olsson	Mattis	Lindberg
a	„Hatte Ihr Mann Feinde?"	○	○	○
b	„Ich erwarte einen dringenden Anruf."	○	○	○
c	„Vielleicht sagt sie ja die Wahrheit."	○	○	○
d	„Bin ich hier falsch?"	○	○	○
e	„Er hier, ich dort."	○	○	○
f	„Sie meinen, es war Mord?"	○	○	○

2. Im Gespräch mit Eva Olsson. Drei Personen gehen aus dem Büro. Warum? Ergänzen Sie die Sätze.

a Eva Olsson geht auf den Flur, weil

b Lina Lindberg geht aus dem Zimmer, damit Mattis

c Felix nimmt Bobby und

3. Was sagt Eva Olsson über ihren Mann Per? Verbinden Sie.

a „Mein Mann und ich haben uns
b „Irgendwann hatte ich
c „Wo denken
d „Aber ich weiß nicht, wie ich ihm

1 Sie hin!"
2 einfach genug."
3 den Mord an seinem Vater erklären soll."
4 in letzter Zeit nicht mehr so oft gesehen."

zu Kapitel 5

1. Die Gedenkfeier. Einige Wörter sind falsch. Lesen Sie den Text auf Seite 20 und korrigieren Sie dann die Fehler.

   a Der kleine Konzertsaal ist bis auf den letzten Platz besetzt.
   ....

   b Per Olsson und sein Sohn Niklas sitzen in der ersten Reihe.
   ....

   c Die Kommissarin steht hinter Eva Olsson. ....
   d Felix hat keinen Platz gefunden. ....

2. Welches Wort passt nicht? Streichen Sie durch.

   a Lehrer – Mitarbeiter – Direktor – Klavier
   b Cafeteria – Junge – Schokolade – Getränk
   c Eingang – Erdgeschoss – ICE – Flur
   d Plan – Musik – Intro – Ton

▶ 14 3. Max und Fred streiten wegen Nina. Hören Sie und ordnen Sie die Sätze.

   ○ „Wer? Nina? Woher soll ich das wissen?"
   ○ „Was soll das denn heißen?"
   ○ „Klar, Nina. Wer denn sonst?"
   ○ „Wo ist sie?"
   ○ „*Du* hast doch gerade neben ihr gesessen."

zu Kapitel 6

1. Frau Meier. Finden Sie fünf Wörter und ergänzen Sie die die Sätze.

   GAGERISPOZEILIMINOPSAZOSCHSSELISSÄNGERINÖPÜLA
   TEHAUSMEISTERINGERILQVERSATZSCHLÜSSELAMDERA
   KOLPARZUMANPOLIZEIBIBOLUTAREWOHNUNGSTÜRILIÖ

   a Vor dem Haus treffen sie die .... Frau Meier.
   b Sie hat die junge .... seit Tagen nicht gesehen.
   c Sie hilft der .... gern weiter.
   d Sie holt einen .... für Ninas Wohnung.
   e Dann schließt sie die .... auf.

2. Lesen Sie den Text auf Seite 24. Was findet Felix *nicht* im Schlafzimmer von Nina Bolinski? Streichen Sie durch.

   Kleidungsstücke – Bücher – eine Halskette – ~~eine Blumenvase~~ – Schuhe – eine Zahnbürste – leere Gläser – Schlüssel – einen roten Koffer – Papiere – Kerzen – Noten – eine alte Zitrone

3. Die Liebesbriefe. Suchen Sie sich einen der unvollständigen Briefe auf Seite 25 aus. Schreiben Sie den Brief fertig.

43

zu Kapitel 7

1. Felix besucht Max in seiner Wohnung. Lesen Sie den Text auf Seite 26 und beantworten Sie die Fragen.

   a Max ist alleine. Was macht er?

   ....

   ....

   b Warum bringt Felix seinem Freund eine Pizza mit?

   ....

▶ 15   2. Was fragt Felix seinen Freund Max? Hören Sie und korrigieren Sie dann die Fehler.

   a „Was war da letzten Dienstag im Studio zwischen dir und diesem Fred?" ....
   b „Seit wann kennst du sie eigentlich schon?" ....
   c „Und, triffst du dich mit ihm auch privat?" ....
   d „Du hast sie sehr gern, oder?" ....
   e „Hast du sie schon mal abgeholt?" ....
   f „Der neue Kommilitone? Was hat sie denn über ihn erzählt?"

   ....

3. Herzschmerzen. Ordnen Sie die Sätze und finden Sie die Lösung.

   I ○ Max muss die ganze Zeit an sie denken.
   N ○ Max kennt die Sängerin der *Golden Riffs* seit einem Jahr.
   N ○ Max hat sich in die Sängerin verliebt.
   A ○ Es gibt noch einen Ex-Freund, der immer wieder anruft.

   Lösung:

1	2	3	4

zu Kapitel 8

1. Niemand wusste, wo Nina Bolinski vom 9.–14. Juli war. Warum? Kreuzen Sie die richtigen Sätze an.
   a ○ Ihr Handy war kaputt.
   b ○ Es gab keinen Handyempfang.
   c ○ Sie hat keine Krankmeldung an die Akademie geschickt.
   d ○ Ihre Krankmeldung ist in der Akademie nicht angekommen.

▶ 16 2. Was sagt Nina über die Briefe? Hören Sie und ergänzen Sie die Sätze.
   a „Die Briefe sind von meinem Ex. Er lässt mich einfach nicht ...."
   b „Dabei ist schon .... Schluss."
   c „Egal wie oft ich ihm gesagt habe, dass es mit uns nichts mehr wird: Er ...."
   d „........................ hat er mich kontrolliert. Vor, ... und .... den Proben."
   e „Das ist ja gerade ...."

3. Wer ist A.?
   a Welchen Namen findet die Kommissarin in den Personalien der Bandmitglieder? Kreuzen Sie an.
      ○ Andreas   ○ Anton   ○ Alfred
      ○ Alexander   ○ Armin
   b Welchen Namen hat A. bei den *Golden Riffs*? Streichen Sie die falschen Namen durch.
      Tom / Paul / Fred / Max

zu Kapitel 9

1. Wo wohnt Fred Schatz? Lesen Sie den Text auf Seite 32 und kreuzen Sie an.

   a ○ Um die Ecke von der Jungbuschstraße, in der Beilstraße.
   b ○ Neben der Popakademie in der Hafenstraße.
   c ○ In der Jungbuschstraße 10.

2. Montag, 15. Juli. Ordnen Sie die Sätze und finden Sie die Lösung.

   E ○ Fred Schatz kommt nicht zur Bandprobe.
   A ○ Die Kommissare warten auf Fred Schatz.
   I ○ Max schreibt eine SMS an Felix.
   S ○ Mattis bringt Bobby zu Felix.
   N ○ Lina Lindberg und Kommissar Mattis steigen ins Polizeiauto.
   Z ○ Fred Schatz sieht seine Briefe auf dem Tisch.
   T ○ Fred Schatz steigt ins Polizeiauto.

   Lösung:

1	2	3	4	5	6	7

▶ 17   3. Mattis liest noch einmal die Aussage von Fred Schatz vor. Hören Sie und ergänzen Sie die fehlenden Wörter.

> Das .... ja so .... Es musste ... Immer gab es .... wegen der .... Jetzt ist es ....
> Unser armer .... Das ist .... schlimm!

4. Was passiert, als Fred Schatz im Polizeipräsidium seine Briefe an Nina sieht? Lesen Sie den Text auf Seite 34. Schreiben Sie drei Sätze auf.

   a ....
   ....

b ....

c ....

zu Kapitel 10

1. Welche Wörter passen *nicht* zum Thema Verhör? Streichen Sie die falschen Wörter durch.

Rund um *das Verhör*:
- das Verfahren
- fahrlässige Tötung
- das Vernehmungszimmer
- der Mörder
- das Opfer
- die Aussage
- der Kurs
- das Protokoll
- das Verbrechen
- der Fall
- die Bandprobe
- die Zeugen
- die Polizei

2. Was hat Fred Schatz vor der Bandprobe am 1. Juli mit dem Mikrofonkabel gemacht? Und warum? Verbinden Sie die Sätze.

   a Fred Schatz hat den Stecker gezogen,
   b Er wollte, dass Nina
   c Aber noch vor der Probe

   1 ihn fragt, was los ist.
   2 damit das Mikrofon nicht geht.
   3 hat er das Kabel wieder in die Steckdose gesteckt.

3. Was passiert mit Fred Schatz nach seiner Aussage? Lesen Sie den Text auf Seite 37. Schreiben Sie zwei Sätze auf.

   a ....

   b ....

Kapitel 1
1. a Hochschule für Musik, b Mannheim, c Konzerte, d Bands
2. richtig: a, c
3. 2, 1, 3, 5, 4 *Lösung:* MUSIK

Kapitel 2
1. a mehr als eine halbe Stunde lang, b Todeszeitpunkt: 1. Juli, 11:00 Uhr, c Der Professor hat einen tödlichen Stromschlag bekommen.
2. a Ausweis, b Spurensicherung, c Kommissar, d Vernehmung, e Polizeipräsidium
3. richtig: e, falsch: b *Golden*, c Der Tontechniker / Stefan Wendler, d eine SMS

Kapitel 3
1. a sicher, b tödlicher, c schnelle Arbeit, d kaum glauben, e Unfall
2. a Tee, b Fall, c Urlaub, d Vernehmung
3. a an, b im, c bei, d hinter, e auf, f am, g um, h ans

Kapitel 4
1. Lindberg: a, Olsson: b, d, e, Mattis: c, f
2. a ihr Handy klingelt, b allein mit Eva Olsson sprechen kann, c geht eine Runde spazieren
3. a 4, b 2, c 1, d 3

Kapitel 5
1. a große, b Eva, ihr, c sitzt, d einen
2. a Klavier, b Junge, c ICE, d Plan
3. 2, 5, 3, 1, 4

Kapitel 6
1. a Hausmeisterin, b Sängerin, c Polizei, d Ersatzschlüssel, e Wohnungstür
2. falsch: Bücher, eine Zahnbürste, leere Gläser, Schlüssel, Papiere, Kerzen, Noten, eine alte Zitrone
3. *freie Lösung*

Kapitel 7
1. a Er schaut auf seinem Laptop ein Musikvideo an. b Max hat Geburtstag.
2. a Montag, b Wie lange, c ihr, d richtig, e eingeladen, f Ihr Ex-Freund
3. 2, 1, 3, 4 *Lösung:* NINA

Kapitel 8
1. b, d
2. a in Ruhe, b seit einem Jahr, c glaubt mir nicht, d Immer, während, nach, e das Problem
3. a Alfred, b falsch: Tom, Paul, Max

Kapitel 9
1. c
2. 1, 5, 2, 4, 3, 7, 6 *Lösung:* EINSATZ
3. musste, kommen, Streit, Technik, passiert, Professor, wirklich
4. *Lösungsvorschlag:* a Er wird wütend. b Er geht aufgeregt im Zimmer auf und ab. c Seine Stimme wird immer lauter.

Kapitel 10
1. falsch: der Kurs, die Bandprobe
2. a 2, b 1, c 3
3. *Lösungsvorschlag:* a Lina Lindberg und ihr Team prüfen, ob er ein Verfahren wegen fahrlässiger Tötung bekommt. b Die Leitung der Popakademie verweist ihn von der Hochschule.